Directorium politicum studii linguarum In quo summatìm exponitur, quaenam sit vera & universalis methodus docendi, addiscendivè idiomata quaelibet, seu antiqua, seu hodierna: quibusvè artibus assequi possint politici rectores imperiorum (1660)

Henricus Petitius

Directorium politicum studii linguarum In quo summatèm exponitur, quaenam sit vera & universalis methodus docendi, addiscendivègrave; idiomata quaelibet, seu antiqua, seu hodierna: quibusvègrave; artibus assequi possint politici rectores imperiorum
Petitius, Henricus.
H.P.d.l.R. = Henricus Petitius.
With a final blank leaf.
[16], 74, [2] p.
Londini : apud T.R. anno ab incarnato Christo sicut vulgò numeratur, 1660.
Wing (2nd ed.) / P1868A
Latin
Reproduction of the original in the All Soul's College (University of Oxford) Library

Early English Books Online (EEBO) Editions

Imagine holding history in your hands.

Now you can. Digitally preserved and previously accessible only through libraries as **Early English Books Online**, this rare material is now available in single print editions. Thousands of books written between 1475 and 1700 and ranging from religion to astronomy, medicine to music, can be delivered to your doorstep in individual volumes of high-quality historical reproductions.

We have been compiling these historic treasures for more than 70 years. Long before such a thing as "digital" even existed, ProQuest founder Eugene Power began the noble task of preserving the British Museum's collection on microfilm. He then sought out other rare and endangered titles, providing unparalleled access to these works and collaborating with the world's top academic institutions to make them widely available for the first time. This project furthers that original vision.

These texts have now made the full journey -- from their original printing-press versions available only in rare-book rooms to online library access to new single volumes made possible by the partnership between artifact preservation and modern printing technology. A portion of the proceeds from every book sold supports the libraries and institutions that made this collection possible, and that still work to preserve these invaluable treasures passed down through time.

This is history, traveling through time since the dawn of printing to your own personal library.

Initial Proquest EEBO Print Editions collections include:

Early Literature

This comprehensive collection begins with the famous Elizabethan Era that saw such literary giants as Chaucer, Shakespeare and Marlowe, as well as the introduction of the sonnet. Traveling through Jacobean and Restoration literature, the highlight of this series is the Pollard and Redgrave 1475-1640 selection of the rarest works from the English Renaissance.

Early Documents of World History

This collection combines early English perspectives on world history with documentation of Parliament records, royal decrees and military documents that reveal the delicate balance of Church and State in early English government. For social historians, almanacs and calendars offer insight into daily life of common citizens. This exhaustively complete series presents a thorough picture of history through the English Civil War.

Historical Almanacs

Historically, almanacs served a variety of purposes from the more practical, such as planting and harvesting crops and plotting nautical routes, to predicting the future through the movements of the stars. This collection provides a wide range of consecutive years of "almanacks" and calendars that depict a vast array of everyday life as it was several hundred years ago.

Early History of Astronomy & Space

Humankind has studied the skies for centuries, seeking to find our place in the universe. Some of the most important discoveries in the field of astronomy were made in these texts recorded by ancient stargazers, but almost as impactful were the perspectives of those who considered their discoveries to be heresy. Any independent astronomer will find this an invaluable collection of titles arguing the truth of the cosmic system.

Early History of Industry & Science

Acting as a kind of historical Wall Street, this collection of industry manuals and records explores the thriving industries of construction; textile, especially wool and linen; salt; livestock; and many more.

Early English Wit, Poetry & Satire

The power of literary device was never more in its prime than during this period of history, where a wide array of political and religious satire mocked the status quo and poetry called humankind to transcend the rigors of daily life through love, God or principle. This series comments on historical patterns of the human condition that are still visible today.

Early English Drama & Theatre

This collection needs no introduction, combining the works of some of the greatest canonical writers of all time, including many plays composed for royalty such as Queen Elizabeth I and King Edward VI. In addition, this series includes history and criticism of drama, as well as examinations of technique.

Early History of Travel & Geography

Offering a fascinating view into the perception of the world during the sixteenth and seventeenth centuries, this collection includes accounts of Columbus's discovery of the Americas and encompasses most of the Age of Discovery, during which Europeans and their descendants intensively explored and mapped the world. This series is a wealth of information from some the most groundbreaking explorers.

Early Fables & Fairy Tales

This series includes many translations, some illustrated, of some of the most well-known mythologies of today, including Aesop's Fables and English fairy tales, as well as many Greek, Latin and even Oriental parables and criticism and interpretation on the subject.

Early Documents of Language & Linguistics

The evolution of English and foreign languages is documented in these original texts studying and recording early philology from the study of a variety of languages including Greek, Latin and Chinese, as well as multilingual volumes, to current slang and obscure words. Translations from Latin, Hebrew and Aramaic, grammar treatises and even dictionaries and guides to translation make this collection rich in cultures from around the world.

Early History of the Law

With extensive collections of land tenure and business law "forms" in Great Britain, this is a comprehensive resource for all kinds of early English legal precedents from feudal to constitutional law, Jewish and Jesuit law, laws about public finance to food supply and forestry, and even "immoral conditions." An abundance of law dictionaries, philosophy and history and criticism completes this series.

Early History of Kings, Queens and Royalty

This collection includes debates on the divine right of kings, royal statutes and proclamations, and political ballads and songs as related to a number of English kings and queens, with notable concentrations on foreign rulers King Louis IX and King Louis XIV of France, and King Philip II of Spain. Writings on ancient rulers and royal tradition focus on Scottish and Roman kings, Cleopatra and the Biblical kings Nebuchadnezzar and Solomon.

Early History of Love, Marriage & Sex

Human relationships intrigued and baffled thinkers and writers well before the postmodern age of psychology and self-help. Now readers can access the insights and intricacies of Anglo-Saxon interactions in sex and love, marriage and politics, and the truth that lies somewhere in between action and thought.

Early History of Medicine, Health & Disease

This series includes fascinating studies on the human brain from as early as the 16th century, as well as early studies on the physiological effects of tobacco use. Anatomy texts, medical treatises and wound treatment are also discussed, revealing the exponential development of medical theory and practice over more than two hundred years.

Early History of Logic, Science and Math

The "hard sciences" developed exponentially during the 16th and 17th centuries, both relying upon centuries of tradition and adding to the foundation of modern application, as is evidenced by this extensive collection. This is a rich collection of practical mathematics as applied to business, carpentry and geography as well as explorations of mathematical instruments and arithmetic; logic and logicians such as Aristotle and Socrates; and a number of scientific disciplines from natural history to physics.

Early History of Military, War and Weaponry

Any professional or amateur student of war will thrill at the untold riches in this collection of war theory and practice in the early Western World. The Age of Discovery and Enlightenment was also a time of great political and religious unrest, revealed in accounts of conflicts such as the Wars of the Roses.

Early History of Food

This collection combines the commercial aspects of food handling, preservation and supply to the more specific aspects of canning and preserving, meat carving, brewing beer and even candy-making with fruits and flowers, with a large resource of cookery and recipe books. Not to be forgotten is a "the great eater of Kent," a study in food habits.

Early History of Religion

From the beginning of recorded history we have looked to the heavens for inspiration and guidance. In these early religious documents, sermons, and pamphlets, we see the spiritual impact on the lives of both royalty and the commoner. We also get insights into a clergy that was growing ever more powerful as a political force. This is one of the world's largest collections of religious works of this type, revealing much about our interpretation of the modern church and spirituality.

Early Social Customs

Social customs, human interaction and leisure are the driving force of any culture. These unique and quirky works give us a glimpse of interesting aspects of day-to-day life as it existed in an earlier time. With books on games, sports, traditions, festivals, and hobbies it is one of the most fascinating collections in the series.

bibliolife
old books. new life.

The BiblioLife Network

This project was made possible in part by the BiblioLife Network (BLN), a project aimed at addressing some of the huge challenges facing book preservationists around the world. The BLN includes libraries, library networks, archives, subject matter experts, online communities and library service providers. We believe every book ever published should be available as a high-quality print reproduction; printed on-demand anywhere in the world. This insures the ongoing accessibility of the content and helps generate sustainable revenue for the libraries and organizations that work to preserve these important materials.
The following book is in the "public domain" and represents an authentic reproduction of the text as printed by the original publisher. While we have attempted to accurately maintain the integrity of the original work, there are sometimes problems with the original work or the micro-film from which the books were digitized. This can result in minor errors in reproduction. Possible imperfections include missing and blurred pages, poor pictures, markings and other reproduction issues beyond our control. Because this work is culturally important, we have made it available as part of our commitment to protecting, preserving, and promoting the world's literature.

GUIDE TO FOLD-OUTS MAPS and OVERSIZED IMAGES

The book you are reading was digitized from microfilm captured over the past thirty to forty years. Years after the creation of the original microfilm, the book was converted to digital files and made available in an online database.
In an online database, page images do not need to conform to the size restrictions found in a printed book. When converting these images back into a printed bound book, the page sizes are standardized in ways that maintain the detail of the original. For large images, such as fold-out maps, the original page image is split into two or more pages

Guidelines used to determine how to split the page image follows:

- Some images are split vertically; large images require vertical and horizontal splits.
- For horizontal splits, the content is split left to right.
- For vertical splits, the content is split from top to bottom.
- For both vertical and horizontal splits, the image is processed from top left to bottom right.

DIRECTORIUM Politicum
STUDII LINGUARUM.

In quo summatim exponitur, Quænam sit vera & universalis Methodus docendi, addiscendivè Idiomata quælibet, seu Antiqua, seu Hodierna: Quibusvè artibus assequi possint politici Rectores Imperiorum & Rerump. ut in posterum tempus unicuique liberum esse queat in sua civitate vel patriâ, vacare fœliciter & jucundè simul studio cujuslibet linguæ, illiusque sibi comparare firmissimum habitum, intrà breve spacium temporis, sine gravibus illis molestiis, quibus affliguntur ubivis gentium linguarum studiosi, per communes scholarum trivialium methodos.

Authore H. P. d. l. R.
Petitius

Quò propiùs naturam Ars sequitur, eò melior illa est.

Maximarum quandoque rerum parva sunt initia.

Ex ore infantium & lactantium adhuc puerulorum, jussisti potentiam prodire, ut notum esset toti orbi, quàm admirabile sit nomen tuum, ô Dominè, Deus noster, Psal. 8. v. 2.

LONDINI, Apud T. R. anno ab incarnato Christo sicut vulgò numeratur, 1660.

Christianis
OMNIBUS
POLITICIS.

Egnorum, Rerumpublicarum, Principatuū, Domaniorum, Statuum, Senatuum Cujuslibet Ordinis) Rectoribus Serenissimis, Præsidibus Summis, Administratoribus Consultissimis, Senatoribus Prudentissimis, Juris dispensatoribus venerandis, Legum custodibus publicis, Populorum ducibus cautis, Provinciarum magistratibus sacris, Boni publici

in-

inspectoribus perpetuis, Litterarum fautoribus excelsis, scholarum fundatoribus munificis, studiorum adjutoribus piis, fœlicitatis humanæ sollicitatoribus assiduis, fortunæ denique omnis publicæ arbitris adorandis, ad clavum Reipublicæ Christianæ sedentibus augustè.

Salutem, Pacem, Gloriam & fœlitatem omnem in Domino Vovet, Optat, Precatur, qui vestrarum Majestatum, Celcitudinum, Beatitudinum, Excellentiarum, Amplitudinum, humillimus est venerator, publicæ hujus admonitionis, quam ad vos omnes, & singulos cum omni reverentia dirigit, conditor

Henricus Petitius Gallo-Celta.

Præfatio.

Em aggressurus toti terrarum orbi utilem, Ecclesiæ Christianæ multis modis proficuam, Reipublicæ cuilibet illam admittenti honorificam, omnibus familiis universi acceptam, & desideriis cujuslibet viri cordati accommodatam, Explanationem nempè novæ methodi mundo adhùc incognitæ, cujus ope studium linguarum hactenùs tàm intricatum, tàm difficile, tàm arduum, tàm longum,

longum; redditur unicuique facile, jucundum, liberum & compendiosum, sine distinctione sexûs vel ætatis, & nihilominùs ad ultimum gloriæ suæ complementum evehitur fœliciter, Oratorio non indigeo proëmio, ut consilium hocce meum lectori benevolo approbem: siquidèm illum oporteat esse prorsùs alienum à rerum humanarum cognitione, vel bonarum literarum hostem juratum atque publicum, vel iisdem saltèm absolutè vacuum, quem nobilis hujusce mei incœpti urgens necessitas non movebit, aut quem tàm fructuosi finis desiderium non tanget: ubi inprimis animadverterit me arte non minùs industriâ & methodicâ, quàm novâ & naturali, non minùs politicâ & prudenti, quam eruditâ & simplici, ea omnia quæ aggredior demonstrâsse ad digitum, ut eorum executio jam restet facilis, cuilibet sapienti politico magistratui ad clavum reip. sedenti: Itaque nè sim frustrà prolixus in hisce initiis, sic paucis totam meam mentem clariùs explicabo.

Consilium mihi est in hoc opusculo (sicuti

cuti jàm significabam) exponere distinctè Quænam sit vera & universalis methodus docendi, addiscendivè idioma aliquod, seu illud sit vernaculum societati alicui publicæ, seu illud sit antiquatum & extra usum communem & familiarem hominum positum: item quibus artibus uti deceat politicum Rectorem cujuslibet reipublicæ, ut in ea liberum fiat illicò cuilibet, sine distinctione sexûs vel ætatis, gradûs vel fortunæ, vacare fœliciter & jucundè studio linguarum seu veterûm seu novarum, earumque firmissimum habitum intrà breve tempus sibi comparare, sine gravibus illis molestiis quibus ubivis gentium subjiciuntur homines, per communes vias scholarum trivialium & peregrinationum, nobilioribus geniis familiarium. Quod nobile consilium, involvit etiàm necessariò (etsi non directè sed per accidens tantùm) universalem Reformationem totius studii linguarum & scientiarum, adeóque nitidam correctionem methodorum omnium vulgò receptarum & in scholis seu publicis seu privatis introductarum

ductarum & obfervatarum, tùm in traditione linguarum, cùm in traditione scientiarum vel artium liberalium: Institutum consequenter dubio procul magnum, & quod scholarcharum auribus non modo dignissimum est, sed quod etiàm prudentissimorum politicorum & principum, ad quos hæc immediatè diriguntur, facilè meretur attentionem.

Media quod attinet per quæ tam nobilem finem assequi contendo, nec sunt numero multa, nec naturâ suâ difficilia; illa enim Duo sunt duntaxat (reliqua siquidem omnia futura sunt instar sequelæ horum duorum) quæ insuper talia in se sunt, ut nulli reipublicæ non sit liberum illis uti facilè, quò finis à me designati, fiant in ea participes magistratus & subditi.

Eorum primum est in quaque republ. Creatio societatum quarumdam Cœnobiopoliticarum, quibus idiomata illa familiaria & vernacula sint, quorum causâ eriguntur quibusvè hæc erit communis lex imposita ut remaneant totaliter separatæ à reliquis omnibus societatibus
seu

seu publicis seu privatis, cum quibus commercia nulla colent, nisi tanquàm exteri, propter idiomatis differentiam, cujus occasione etiàm illæ vocabuntur Societates Glotticæ.

Secundum est Erectio scholæ methodicæ in quaq; tali societate glottica, ad plenam, prudentemq; traditionem eorum omnium, quæ videbuntur facere ad perfectiorem intelligentiam idiomatis vernaculi societatis cujusque, quibus superaddentur scholæ methodicæ liberales & mechanicæ pro prudentia Rectorum Reipublicæ.

Primum itaque medium necessarium ad bene docendas vel addiscendas linguas, est Creatio societatis alicujus Cœnobiopoliticæ, cui idioma illud sit familiare & vernaculum, cujus occasione tale cœnobium conditum fuerit. Quia hoc pacto linguæ illius studiosi, cujuslibet ætatis, sexûs, & conditionis imaginari queant, conferentes se ad talia cœnobia, in eisq; ad tempus aliquod degentes, nullo negotio compotes fient votorum

torum suorum, solâ nempè familiaritare & frequentatione cænobitarum, ut videre est in illis qui è longinquis regionibus ad nos veniunt, idiomatis nostri discendi causâ; illi enim postquàm aliquam moram traxerunt in patria nostra, egregium habitum linguæ nobis vernaculæ contrahunt, etiàm sine ullis artis grammaticæ præceptis, continuâ nempè adjuti frequentatione popularium nostrorum, cum quibus perpetua miscent sermonis commercia: tanta est potentia usûs familiaris linguæ alicujus ad habitum illius contrahendum! eo quod defectu hujusce præstantissimi medii, necesse est quoslibet linguarum studiosos plurimùm allaborare, ut tamèn parùm proficiant, diù anhelare, ut tamen non nisi tardè, imperfectéq; valdè fines à se intentos assequantur, multis insuper laboriosissimisq; artibus sæpè uti, ut tamen parùm fœliciter desideriis suis satisfaciant, magnam denique opum vim profundere, ut non nisi tenuem ac fermè sterilem exinde messem colligant.

Se-

Secundum medium addiscendarum foeliciter linguarum, quod isti primo superaddidi, fuit Erectio scholæ methodicæ glotticæ, in quaque societatum designatarum, ad plenam traditionem eorum omnium, quæ concurrunt ad rectè consequendam intelligentiam idiomatis vernaculi cujusq; societatis. Quia sine artis præceptis semper claudicat linguarum (ut & rerum omnium aliarum) studium, quod contrà, si adjuvetur prudentis methodi cautionibus, facilè deducetur ad ultimum perfectionis suæ complementum, ut patet exemplis illorum qui apud nos vernaculam nostram solo usu addiscunt, præteritis artis regulis: isti enim quamvis aliquandò videantur optimum illius habitum comparâsse, de facto tamèn, nec ad aulas principum, nec ad cathedras *Ecclesiarum*, nec ad rostra fori, nec ad societatem eorum, quorum magis castigatus est sermo, unquàm benè compositi dicentur à linguæ peritis, donec artem & studium usui familiari superaddiderint. Sed qui contrà inter ipsos arte
cautâ

cautâ conati sunt emendare prudenter usûs communis vitia, & linguæ alicujus habitum sibi comparaverunt; per meliores Grammaticæ methodicæ regulas quas frequens conversatio virorum magis politicorum sæpiùs confirmavit, quotidiana lectio authorum melioris notæ explicavit, & laboriosa imitatio eorum, qui benè dicendi laudem merentur, memoriæ studentium tenaciter infixit, illi ad omnes loquendi occasiones datas, tùm publicas, tùm privatas accincti sunt foeliciter, illi linguam istam verè possidere censendi sunt, cujus studio sese istis viis addixerunt.

Cùm itaque horum mediorum altero præterito, tale studium nunquàm possit procedere foeliciter, illis contra conjunctis prudenter, non sit possibile aberrare à scopo intento, cautè fecisse omninò censendus sum, qui illa noluerim separari, & sufficientem insuper fecisse enumerationem mediorum requisitorum, dici possum, cùm ex hiscè duobus solis pronunciavi pendêre totam cognitionem linguæ cujuslibet.

Cæterùm Linguæ omnes sunt duorum generûm: Aliæ enìm evanuerunt, nec ampliùs sunt vernaculæ ullibi locorum, sed vel absolutè perierunt, vel sic sunt cum aliis linguis confusæ, ut non ampliùs agnoscantur pro peculiaribus idiomatibus populi alicujus, vel tandèm non ampliùs supersunt nisi in æternis illis monumentis sapientiæ veterum (libros intelligo) quorum tutela bibliothecis commendata fuit. Aliæ contrà, isto gaudent privilegio, ut sint hodiè vernaculæ populis quibusdam, à quibus ideo patriæ vocitari solent. Priores istæ vocantur vulgò linguæ mortuæ: Posteriores verò linguæ viventes, cùm distinguuntur ab invicèm.

Utrarumque maxima habenda est ratio in republica qualibet, gravibus, maximisq; de causis, quod mihi occasionem dedit sedulò exponendi in hoc libello, genuinam methodum docendi, addiscendivè utrumq; hoc genus linguarum: Quamvìs enim nihil minùs cogitem quàm Erectionem multiplicem scholarum, in quibus doceantur omnes omninò linguæ homiminum, seu viventes seu mortuæ (quia velle omnia præterita & obsoleta idiomata recolere, curiositas esset stultitiæ proxima, & scholas meditari in quaq; republ. omnium linguarum hodiè viventium, vanitas esset in viro sapiente non condonabilis) nihilominùs tamen illa mihi est observanda methodus, quæ adaptari possit omnibus omninò linguis seu viventibus seu mortuis, quas publicus magistratus cupiet pro sua prudentia docêri publicè in sua republica. Notandum tamen politicos rectores Rerump. Christianarum debere in primis esse sollicitos de revocatione trium illarum nobilium, maximéq; necessariarum linguarum veterum, quarum viri literati omnes unanimi consensu tantam habent rationem ubiq; locorum. Hebrææ nempe Græcæ & Latinæ, in quarum studio tàm graviter defatigari solent omnes bonæ literaturæ amatores. Ad viventes quod attinet, hæc duntaxat esse debet solicitudo politici magistratûs, ut tot numero coenobia glottica erigi curet in ambitu sui imperii, quot sunt varia genera

nera linguarum viventium maximè utilium suis subditis, ut in posterum, sine consuetis transmigrationibus, vacare quisque possit in sua propria republica, tali generi studiorum. In utrumque hunc finem igitur delineabo typos aliquos generales societatum glotticarum utriusque speciei, ut exindè pateat omnibus quam immane aberratum fuerit huc usque à viris politicis & litteratis simul, in constituenda vera ratione studiorum istorum puerilium, quæ circa linguas duntaxat occupantur. Et insuper ut pateat distinctè quomodò totum hocce meum consilium nihil in se habet quod sit difficile & arduum viris in autoritate suprema apud suos constitutis, quamvis fortè utilitate suâ superet multa alia politicorum incœpta, quæ illorum mentes nocte, dieque fatigant: Ut itaque finem dicendi faciam, Deum ter optimum, luminis omnis fontem inexhaustum, omnis bonæ donationis authorem unicum, & gratiarum suarum sapientissimum dispensatorem, præcabor ex intimis cordis mei præcordiis,

diis, ut oculos mentis illuminare velit eorum omnium, ad quos hæc mea consilia pertinent, atq; sic nullus sit inter ipsos omnes, quem seria officii sui consideratio non occupet sedulò, quiq; animum, potentiam, vires, & opes sibi benignè concessas in usum publici boni, non applicet liberè, ad ea exequenda, quæ libellus hic meus paucis proponit, tanquàm toti societati Christianæ, imò humanæ maximè utilia, & communi omnium bono destinata.

Caput

Caput Primum.

De Creatione societatis Cœnobiopoliticæ glotticæ consideratæ in genere.

Ocietas glottica, h. e. quæ ad linguæ alicujus culturam destinatur, considerari potest duobus modis, 1. In genere, quatenus duntaxat est species societatis particularis erecta in usum linguarum. 2. Vel in specie, quatenus est specialis aliqua societas istius generis, ad culturam hujus vel illius particularis linguæ destinata. Secundum hunc itaque duplicem modum considerandi creationem & erectionem talium

talium Societatum, oportet me duplici viâ id exequi, ut quæ habeo dicenda appareant magis nitida & distincta. Itaque initium faciens à generali consideratione societatum glotticarum, de iis sic pronuncio.

Postquàm curâ sedulâ, singularîque munificentiâ moderatorum reipubl. cautè prospectum fuerit de loco idoneo, ædificiis convenientibus, & censu annuo ad societatis subsistentiam necessario, aliisq; istiusmodi rebus præreuisitis ad erectionem societatis alicujus glotticæ, tùm sic erit procedendum ad ulteriorem illius constitutionem.

1. Primò, comparandus erit certus numerus hominum qui calleant linguam illam cujus gratiâ societas glottica erigitur de novo, eâque uti possint familiariter valdè, castigatè insuper & expeditè, imò ornatè, si fieri possit. Sed qui inprimis possideant rectam linguæ illius pronunciationem, omnesq; ejus mensuras atq; tonos vocales nôrint distinctè observare in pronunciando, quia hoc sine idonei

non

non erunt, ad finem illum ad quem destinantur & societatis institutor, dignus potiùs videbitur qui risu excipiatur, quàm qui laudibus extollatur, propter erectam istiusmodi scholam publicam, cujus vitiosa pronunciatio erit omnibus fugienda.

2. Secundò, Providendum erit ut tales homines sint conjugati omnes, si fieri possit (& ut illorum uxores calleant quoque linguam societatis illius Coenobialis in qua degent) quod si in principio fundationis societatis obtinere nequimus, saltèm allaborandum erit ut tractu temporis id consequamur; quô talis societas sit verè politica, sancta, naturalis, divina & immunis ab omnibus illis abominādis pollutionibus, quibus obnoxias novimus esse societates monachales, quæ mixtionem sexuum defugiunt, authore diabolo, legitimi thori hoste publico & unico: Si verò coenobitarum uxores nesciant linguam societatis suæ, tunc recludentur in septo aliquo separato, donec assecutæ fuerint foelicem habitum talis idiomatis particularis: quod idem dictum volo de servis omnibus istius societatis glotticæ.

3. Ter-

3. Tertiò, assignabitur omnibus hiscè membris societatis glotticæ Cœnobium aliquod commune, in quo degent reclusi, communionem nullam colentes cum vicinis, idioma suum nescientibus, sed contenti civitatis suæ pomæriis, & suorum societate, singularem inter semetipsos colent familiaritatem, communionem, unionem, fraternitatem, nè fortè contrariis acti motibus, dissocientur ab invicèm & societatem totam dissidiis suis miserè dissolvant.

4. Quartò ibi loci utentur omnes uno eodemq; idiomate familiari inter se, illo nempè cujus causâ talis erecta fuerit societas, nec alio prorsùs erit liberum uti intrà claustri istius septa; si Latinum fortè excipias, quod constituitur commune instrumentum communicationis omnium societatum glotticarum inter se.

5. Quintò, Nulli advenæ linguam societatis ignoranti, latiniq; idiomatis ignaro, debet esse liberum cœnobium ingredi, nè fortè sermonibus suis novis & exteris, societatis quietem interturbet: Et propte-

proptereà nulli etiam debebit esse liberum, introducere in societatem, libros aliâ linguâ conscriptos, quàm vernaculâ societatis, aut saltèm Latinâ, ut sic suæ vernaculæ linguæ addictissimi cœnobitæ, illius sint magis periti, & consequenter magis idonei, qui eam rectè doceant.

6. Sextò, Quia tales cœnobitæ non assignantur vitæ religiosæ sed politicæ duntaxat, ideò non exulabunt à societate honestæ recreationes corporis & animi, quin potiùs designabuntur in cœnobio loca idonea istiusmodi exercitiis, in quibus juvenes æquè atque provectioris ætatis viri, poterunt solitudinis suæ tædium, omni cum animorum & corporum licita voluptate jucundè fallere, quisq; prout ætatem suam decebit.

7. Septimò, Cavebitur diligenter nequis (qui ætatem maturam jàm attigit) admittatur ad communionem societatis, tanquàm illius membrum, antequam sacramento sese adstrixerit societati in decennium integrum, quo durante, tenebitur

tur degere in coenobio societatis sub illius legibus & regulis, nec illi liberum erit extrà claustri sui septa excurrere sine consensu superiorum: At decennio elapso, is fiet iterùm sui juris sicut anteà, & liberum illi erit renunciare societati (quia nempè in eam fuerat ingressus propriâ sponte suâ) vel novo sacramento se in alterum decennium Societati iterùm alligare.

8. Octavò, Cavebitur diligenter nè quid desit coenobitis istis eorum, quæ ad vitæ hujus foelicitatem requiruntur legitimè & sine Epicurismi sensu: domicilium erit itaque commodum, si quod esse possit, vestes erunt nitidæ, etsi non splendidæ, & cibus erit liberalis, etsi non profusus: ut hoc pacto unicuique magìs ac magìs arrideat Coenobii glottici mansio.

9. Nonò, Tota societas glottica dividetur in tres ordines, Doctores nempè, Oeconomos & Ministros: Doctores caput societatis constituent, & tanquàm præsides spirituales circà spiritualia duntaxat occupa-

occupabuntur, mores nimirùm juventutis formabunt, & illorum studia dirigent, maximè illa quæ idioma vernaculum societatis spectabunt. Oeconomi quasi truncus erunt societatis, & tanquàm præsides corporei, occupabuntur circà illa quæ animalia sunt & vitam hanc corpoream respiciunt, ut rationem habeant singularem ædificiorum, & agrorum ad societatem pertinentium, eidem item sedulò provideant de vestibus, cibis, annona, & aliis istiusmodi ad vitam animalem facientibus; artium etiàm omnium mechanicarum in societate admissarum habebunt directionem, ludicrisque exercitiis atq; recreationibus cum authoritate, præerunt: Ministri tandèm instar pedum & bracchiorum societatis habebuntur, instrumenta nempè erunt quorum operâ utentur societatis directores, tùm spirituales, cùm corporei, ad ea exequenda quæ judicaverint esse utilia societati; igitur sicut Directorum partes erunt præsidêre, disponere, regere, imperare; sic Ministrorum officium erit subjici, obedire, ministranistrare, & omnes omninò operas corporeas, mechanicas, viles, serviles, societatis præstare serviliter.

10. Decimò, Tales ministri erunt omnes (si fieri possit) mera mancipia, nè fortè sortis suæ pertæsi, dominis suis fiant infideles, societatique renuncient, magno illius damno: itaque optimè provisum fuerit societati, si tales ministri sumpti fuerint ex Africanis, posterisque maledictis Hami, quos ad servitutem natos singularique modo formatos fuisse, suprà reliquos totius orbis habitabilis incolas, experientia probat quotidiana ubique locorum. Adde quod hæc illorum origo & conditio faciet illos promptiores ad ea omnia exequenda, quæ cum vili, depressaque sua conditione convenient: Et præterea liberabitur istâ arte societas, ab oneribus importunis sibi alioqui imminentibus, conductione mercenariorum & stipendiariorum ministrorum, neq; sibi ampliùs metuet ab insolenti illa superbia, quæ servis voluntariis & stipendiariis est familiaris, quæque illos sæpè impellit ut domi-

dominorum suorum domos turbent, quoties sibi non fuisse satisfactum sentiunt prout speraverant; tandem quò magìs addicti erunt societati, eò etiam magìs erunt idonei ad linguam vernaculam societatis, præcipuè quia nullum idioma Europæum callentes non turbabitur illorum imaginatio, vel memoria, frequentatione Europæorum, sed toti se applicabunt cum gaudio & libertate ad studium idiomatis societatis illius ad quam pertinebunt.

Atque hæc sunt breviter, quæ observanda esse noto ad creationem novæ alicujus societatis glotticæ consideratæ in genere: Venit jam ut explicem breviter pariter, legitimam methodum conservandæ istiusmodi societatis, ut illa semel erecta prudentiâ principis, diu perseveret in suo statu, & in dies majora capiat incrementa.

Caput Secundum.

De conservatione Societatis Glotticæ considerata in Genere.

METhodus conservandæ societatis Glotticæ consideratæ in genere, talis esse debet meo quidèm judicio.

1. Primò, Impetratâ licentiâ à supremo reipublicæ rectore, privilegiisque illius in hunc finem munita Societas, colligentur undique tenelli infantuli, (ex utroque sexu sine discrimine) sani, vegetes, omnibus membris corporis integri, jàm jam ablactandi, qui vix balbutire queant, voces adhuc nullas vel saltèm paucissimas pronuncient, ut hoc pacto sint magìs idonei ad quodlibèt genus linguarum addiscendum.

2. Secundò; Tales infantuli erunt, si fieri possit, progenies aliqua mancipiorum, ut Societas certa esse queat de illorum con-

constanti mansione in coenobio politico, & consequenter eò lubentiùs conferat opes & curas suas in eorum educationem. Vel saltèm erunt misera aliqua propago abjectorum hominum, in mera fæce populi degentium, & in fortunæ angustiis constitutorum, à parentibus ipsis tradita societati in possessionem peculii, sine limitatione temporis, vel conditionum, cum venia & approbatione publici magistratûs (sine cujus authoritate tale genus dominii, nulli prorsùs competere debet in republ. bene ordinata) ut in posterum tempus mutatio conditionis illorum, prorsùs dependeat à beneplacito societatis: Vel quod esset melius, erunt orphanorum miserrimorum turba aliqua, quam magistratus ipse offeret societati, illiusque charitati commendabit, sub conditione perpetuæ servitutis ab illis debitæ societati: Vel denique (quod non fiet sine singulari politices testimonio) erunt projectitii aliqui pueruli, quos vix in lucem editos, parentum iniquitas exposuit aliorum commiserationibus & potentiæ, quosvè vè curiosè collectos, magistratûs pietas, assignaverit societati in mancipia perpetua, eâ duntaxat lege, ut de illorum pia educatione, liberalique victu & amictu sollicita esse teneatur societas, quamdiù illi erunt in vivis.

3. Tertiò, Non licebit societati tales infantulos colligere inscio & inconsulto magistratu locorum, sed omnia illo vidente, & probante transigentur; et si fortè aliquandò detur occasio talibus alumnis societatis conquærendi de iniquitate dominorum & superiorum suorum, liberum erit illis ad magistratum publicum quærimoniam suam deferre, & ab illo libertatis suæ gratiam impetrare, si res illud postulet vel sinat, aut saltèm causæ suæ patronatum & tutelam expectare intrepidè, ut sciant omnes Reip. incolæ & cives quid quisq; debeat magistratui, justitiæ lancem libranti, & vindictæ gladium gerenti.

4. Quarto, Infantuli isti hoc modo introducti in societatem, illi inferentur illico, tanquàm membra suo corpori, ut per talem incorporationem illorum conditio

pona-

ponatur in tuto, societasq; obligetur modo singulari, ad curam suscipiendam illorum, & neque parentes, neque magistratus, (neque ipsi pueri semel adulti) quidquam habeant quod postulent à societatis istius directoribus, in gratiam afflictæ sortis tenellarum istarum plantarum.

5. Quinto, Continua & interminabilis debet esse collectio istiusmodi infantulorum, nè fortè cessante hâc methodo, societas paulatìm decrescat, atque tandem totaliter depereat, aut saltem redigatur ad inopiam juniorum plantarum, quarum insertio in societatem, est illi maximè necessaria ad ~~sui~~ complementum; quia continua ista infantulorum adoptio facta à societate, erit quasi altera puerulorum generatio, quà mediante abundabit societas membris omnis ordinis, & ætatis: Et consequenter advenis erit magìs commoda, quia hoc modo illi poterunt intromitti in coenobium glotticum ab ipsa etiàm infantia & ibi formari illico foeliciter ad idioma vernaculum societatis, operâ coætaneorum suorum, quos
in

in coenobio semper reperturi sunt magnâ copiâ, secundùm hanc methodum quam propono sequendam.

6. Sexto, Quamprimùm infantuli illi introducti fuerint in coenobium societatis, & illi inserti fuerint tanquàm membra ejus genuina proprio suo corpori, officium Oeconomorum erit illis prospicere liberaliter de rebus omnibus ad hanc vitam necessariis, quo eis benè sit, & eorum curiosa educatio respondeat ad amussim consiliis fundatoris societatis; in hunc finem igitur assignabitur illorum mansio in parte aliqua coenobii, ad id maximè idonea, & ad id unicè destinata; deinde assignabuntur illis servi vel ancillae, quarum tota sollicitudo erit duntaxat ut pueruli isti sibi commissi benè valeant: ac tandèm seligentur nonnulli ex corpore totius societatis quibus imponetur cura institutionis talium puerulorum, ut simul cum annis crescant sapientiâ & intelligentiâ, citissimè, plenissimèque addiscant linguam vernaculam suae societatis, quem in finem observabunt studiosè methodum

(15)

methodum traditam in Directorio politico Academiæ methodicæ posthac prodituro.

7. Septimò, si ancillæ istæ, quibus committetur cura puerulorum, idioma vernaculum societatis nesciverint, tùnc utile erit ut illæ mutæ sint, vel saltem ut sic se gerant cum tenellis istis animabus, ut coràm illis abstineant prorsùs ab omni sermone, nè malo aliquo fato intercipiant loquacitate suâ speratos & desideratos societatis nostræ fructus ex methodo designata, alioqui manantes infallibiliter: Itaque nihil meliùs erit in tali casu quàm si utamur servis Africanis, ex variis, valdéq; dissitis à se invicèm Africæ locis collectis, operâ eorum quos magistratûs prudentia judicaverit idoneos, qui huic vacent officio.

8 Octavò, Hæc erit in primis cura ~~magistratuum~~, puerulis istis assignatorum; ut suos alumnos exerceant continuò, in cognitione appellationum cujuslibet rei sibi ob oculos positæ, idque vel per exhibitionem objectorum

ipso-

ipsorum, vel per demonstrationes aliquas sensibiles, quales sunt picturæ, figuræ, gestus, &c. quod genus exercitationum repetetur quotidiè, donec cognoscant memoriam puerulorum egregiè formatam esse ad ista omnia, illamque non ulteriùs indigêre istiusmodi adminiculis: quâ methodo (audeo dicere) cœnobitæ quinquennales, superabunt multò plerosque hodiernos philosophos, imò & criticos magni nominis, in cognitione appellationis rerum quarumlibet, tantùm potest omnibus in rebus legitima procedendi methodus!

9. Nonò, Postquàm pueruli isti semilustrum vitæ suæ impleverint, illicò applicabuntur leniter ad studium lectionis, quod quia multiplex erit, ideò erit paulo diuturniùs & continuabitur saltèm usque ad sextum annum vitæ illorum. Intereà quia cupimus istam juventutem liberaliter valdè educari, & in servitute sua apparenti, liberè admodùm vivere, ideo tempora cuique ætati assignabimus idonea recreationibus, quò possimus miscere

simul

simul utile dulci, ista genera recreationum unicuique assignabimus ætati, quæ in illam competere judicaverimus, quæq; videbimus sic esse delectabilia, ut sint etiàm valdè proficua: Itaque post quartum annum exactum illos aliquando occupari volumus in picturæ, coelaturæque variis generibus, pro ut feret illorum capacitas.

10. Decimo, Anno Quinto vitæ suæ exacto, postquàm nempe videbuntur induisse egregium habitum idiomatis vernaculi suæ societatis, mittentur & mares & foeminæ, omnes sine discrimine in societatem Latinam, ubi discent simul legere Latinè, & prætereà loqui Latinè castigatè, durante triennio integro, si necessitas id postulet: Et hoc tempore elapso, ii qui judicabuntur magis idonei ad studia nobiliora, mittentur indè in societatem Græcam, exindè in Hebræam, &c. prout directores societatis judicabunt id futurum è re sua. Intereà dùm degent sic juvenes in societate Latina, pergent sese exercère ulteriùs in picturæ & coelaturæ

variis

variis, nobilibufque occupationibus, prout uniufcujufque illorum feret ingenium.

11. Undecimo, Poft exactum ætatis fuæ annum fextum, applicabitur ifta juventus ad Scripturæ exercitia, quæ quia pariter non unius funt generis, ideò neceffe erit diutiùs etiam prorogari, donec nempè libera fit & nitida valdè illorum scriptura, eafque omnes fcripturæ fpecies addifcerint, quas utile erit illos nôffe.

12. Duodecimo, Poftquam juventus ifta attigerit ætatem maturam judicio, h. e. quandò mares attigerint duodecimum vitæ fuæ annum, femellæ vero decimum, præsides focietatis fimul in fenatum collecti, diligens facient examen uniufcujufque, ut fciant ad quid præcipuè finguli apti nati fint â natura, quovè inclinet genium uniufcujufque illorum, atque hoc pacto eo unumquemq; dirigant fine mora, duce naturâ fic fœliciter inftructi, ut unicuique affignent prudenter penfum illud quod ei convenire dignoverint. Qui itaque ad corporea exercitia magis

magis facti videbuntur quam ad spiritualia, ad illa quoque separabuntur, & curæ, prudentiæque Oeconomorum tradentur, ut illorum singulos iterùm examinent ad libitum, exerceantque illo quam judicaverint convenire modo. Qui contrà judicabuntur fœliciùs fuisse formati & ad studia esse verè idonei, separabuntur in hunc finem nobilem, & curis, prudentiæque Doctorum committentur, ut illos exerceant isto quo judicaverint magìs convenire modo, seu in linguarum studio, seu in scientiarum contemplatione, seu in artium nobiliorum fœlici cultura.

13. Decimo tertio, Pueritiâ exactâ, adolescentiâque jam provectâ (anno nempè vitæ masculorum 21. & femellarum 16.) curabunt societatis præsides, tùm Doctores cùm Oeconomi, unanimi concensu, alumnos istos societatis mutuis jungi matrimoniis, ut hâc arte firmetur potentiùs societas, illaque fiat de facto politica societas, quamvis reclusa, & à reliquis omnibus reipublicæ societatibus separata totaliter.   14. De-

14. Decimo quarto, Qui ex talibus matrimoniis nascenter infantes, intrà societatis ipsius pomæria educabuntur curiosè omnes à matribus suis, eâdem prorsus methodo quam superius describebam, *Art.* 8. & 9. Sed in hoc, hi infantuli erunt fœliciores, adoptitiis alumnis societatis, quod à matribus propriis, non ab ancillis educabuntur, & quod matres illorum rectè callebunt idioma societatis, illudque poterunt quàm citissimè docêre natos suos. Hâc prudenti observatâ methodo, conjugiorum inter alumnos societatis cujusque, non erit posteà facilè ut ulla societas ruat & dissolvatur, tam sanctis constricta nodis, támque politico stabilita medio.

15. Decimo quinto, Quia talium natorum parentes membra erunt societatis, & insuper (plerique saltèm) vel empta mancipia, vel ut talia comparata & inserta societati authoritate magistratûs, ideo nulli illorum erit liberum, natos suos subtrahere societati, sine consensu publico totius senatûs Directorum societatis, aut

eos

eos alio mittere quàm quo jusserint iidem directores & præsides, sed talis generatio toti prorsus pertinebit ad ipsam societatem, & ab authoritate supremi illius Senatûs pendebit absolutè, volentibus, nolentibus ipsismet parentibus, quia commune bonum societatis id postulat necessariò.

16. Decimò sextò; Quamvis talis esse debeat sors omnium eorum qui nascentur in societate, ex matrimoniis contractis inter alumnos societatis, attamen habebitur semper major ratio eorum qui nati erunt parentibus liberis, quàm eorum qui nati fuerint servis, mancipiisq; parentibus: & eorum contrà minor habebitur ratio, qui immediatè adoptati fuerint à societate, quàm eorum qui talibus adoptitiis parentibus nati fuerint: ac denique major erit libertas eorum, qui nepotes & abnepotes erunt alumnorum adoptitiorum societatis, quàm eorum qui immediatè nascentur ab istiusmodi alumnis adoptivis: quia quo quis remotior est a radice servitutis & opprobrii fundamento

mento, eo liberioris esse conditionis censendus est.

17. Decimò septimò, Præsides societatis in hoc præcipuè erunt intenti, ut omnes ii qui nascentur in suo cœnobio, instituantur fideliter ab ipsis uberibus in lingua vernacula suæ societatis, deinde in Latina, & tandèm etiam in aliis, si illorum genium id permittat; sed semper cavebitur sedulò nè quis eorum addiscat linguam vernaculam suæ patriæ, nè fortè illius amore, vel usu frequenti allectus, deveniat in contemptum suæ societatis, eamq; deserat, atque sic fiat pluribus in perversissimum exemplum. Si quos tamen destinet societas ad longinquas peregrinationes, illorum erit alia conditio, sed cùm primùm quis vacabit studio linguæ suæ patriæ, illi exulandum erit à societate. Atque hæc sunt præcipua fundamenta generalia, quibus inniti debet vera conservatio societatis cujuslibet glotticæ, ex quorum studiosa & cauta observatione, facilè assequentur politici, ut societates glotticæ, ab ipsis semel erectæ, nova incrementa

menta in dies capiant, & temporis omnia mutantis inconstantiam non metuant.

Sed objiciet fortè aliquis, talem methodum esse valdè importunam & difficilem, quia neque facilè reperientur tales infantes, quales supposui requiri ad conservationem societatum semel erectarum; Neque si facilè reperientur tales infantes, tamèn, non ita facilè reperientur servi idonei, qui illis ministrent istis qui requiruntur modis: neque si ista duo facilè assequi possemus, tamèn facilè reperiemus magistros & præceptores idoneos, qui eo quo requiritur modo istos puerulos instruant; illosque imbuant cognitione linguarum antiquarum hodiè extinctarum, quales sunt Latina, Græca, Hebræa, quo sine institutum hoc societatum nunquàm procedet: Neque tandèm si ista omnia essent facilia, facilè assequeremur ut tàm numerosa juventus, intrà officii sibi assignati limites contineretur, præcipuè postquàm semel adoleverit: quod tamen si acciderit necesse
erit

erit nos miserè excidere præconceptâ nostrâ spe. Ad quæ omnia sic breviter Respondeo, tribus modis.

1. Si summus magistratus Reip. tutelam in se suscipiat societatum designatarum, earumque ipse sit Erector munificus, fautor benignus, & benefactor continuus, sicut istæ suæ sunt partes, quæ in nullum alium cadunt commodè, tùm nihil procul dubio erit metuendum ab incommodis prænotatis, quia juventutis reclusæ & jugo jàm assuetæ, facilè frænabit impetus, legum suprema Majestas, authoritate, & gladio rectorum Reipublicæ confirmata: Deindè si præsides societatis gaudeant gratiâ sui principis & intenti sint occasionibus idoneis, nunquàm illis deerunt infantuli tales, quales supposui requiri ad societatum conservationem: Præceptoribus idoneis non poterit pariter carêre illa societas, quæ censu annuo satis amplo gaudebit, ut viros doctos & linguarum minùs vulgarium peritos alliciat ad se, eorumque officia suis finibus accommodet: Tandèm si societatis

tis præsides suos habeant negotiatores in Africa, ut illos decet, servis idoneis nunquàm carebit societas; Et si malo aliquo fato careret Africanis, quod credo esse impossibile, aut si Europæi ministri potiùs desiderarentur, illud consequi erit etiàm facilè, numeratâ duntaxat liberali pecuniâ in salarium & servitutis voluntariæ compensationem.

2. Dico in istis principiis societatis, non esse necesse ut præceptores consummati sint in linguis illis quas docebunt, sufficit enim si illas calleant utcunque, etiamsi illis uti nequeant expeditè ad usum familiarem; habitum enìm istum nullo negotio contrahent tractu temporis, lectione frequenti, usu continuo propriâq; suâ diligentiâ, ad id siquidem spacium sufficiens illis conceditur per methodum designatam superiùs: quoniam in principio, isti præceptores docebunt duntaxat infantulos balbutientes, & tota occupatio illorum erit exponere genuinas appellationes cujusque rei, quod sine scientia linguæ possent etiàm fæliciter exe-

qui ope Dictionariorum ampliſſimorum, dùm modo calleant ſolummodo genuinam pronunciationem idiomatis, quod docere tenebuntur; poſteà ætate puerulorum creſcente ad majora ſe accingent iſti tutores, attamèn procedent ſemper per gradus, & minutias grammaticas explicabunt diligenter, antequàm deſcendant ad traditionem eorum quæ faciunt ad benè dicendum; ſic enim fiet ut queant, durante hoc intervallo, munire ſe copioſe luminibus, & habitibus omnibus requiſitis, ad ea faciliter & fœliciter exequenda, quæ maturior provectiorque pupillorum ætas requiret; ſed inſuper eſt & hoc ſingulariter Notabile, Quòd ipſimet diſcipuli, quantumvis juvenes, curioſitate propriâ naturali ducti & neceſſitate ſimul impulſi, quia omne aliud idioma prorſùs ignorabunt, ſeipſos formare poterunt in meliùs, tùm praxi, cum lectione aſſiduâ bonorum authorum, & æmulatione mutuâ, ſicut cos cotem acuit, etiamſi poſt aliquod tempus, nempè poſtquàm noverint legere, illis demerentur

tur directores vocales: Ex quo enim puerascere incipient, valebunt judicio, & consequenter quid sua intererit dignoscent, avidique fient haud dubiè præstantissimarum formularum loquendi, quas ex libris, defectu præceptorum, omni cum studio & diligentia colligent, sicut reverà notamus accidere unicuique in proprio suo idiomate, neque enim nos formant nutrices nostræ ad eloquentiam, etsi illæ nos imbuant primis rudimentis linguæ nostræ; quisque proprio marte adnititur, ut gradum aliquem consequatur inter eos qui ornatè loquuntur, & quo quis studiosior est alloquii, eò etiam fœliciùs evadit in egregium oratorem, etiàm sine directoribus vocalibus, solâ ope librorum, & frequentis exercitationis.

Adde quod in magno isto numero scholarcharum, quibus nostra abundat & luxuriat passim Europa, vix sunt sex qui Latinè rectè sciant, aut saltèm qui tali idiomate possint uti familiariter, sine multa hæsitatione & cæspitantia, tantùm abest ut cum ornatu & vocum pompa sese ex-
primere

primere valeant; Attamèn iſtimet viri, cathedras publicas Grammaticæ & Eloquentiæ nihilominùs occupant ubique locorum, & pinguiſſimis ſæpè fruuntur beneficiis iſto nomine, in quaque Republica, nec ideò ſibi metuit magiſtratus locorum, ut beneficia ſua ipſi probro vertantur, propter malè collatam beneficentiam ſuam in homines eâ minimè dignos: Neque ſtudioſorum parentes abhorrent proptereà à conſuetudine uſurpata mittendi nempè liberos ſuos in tales ſcholas: ſed contrà quiſque degit ſecurus apud ſe, & infortunatos eventus ſtudiorum, potiùs rejicit in ipſammet juventutem ociantem & negligentem literas, quàm in directorum imperitiam aut infidelitatem. Cur igitur poſſet mihi probro verti penuria doctorum idoneorum, in iſtis initiis ſocietatum à me delineatarum? Aut cur jubebor deſperare de fine intento, ſi in his ipſiſmet initiis ſocietatum non paſſim reperire tales, tamque idoneos ſcholarum mearum directores, quales eſſet optandum ut haberem, & quales certus ſum

sum me habiturum tractu temporis, post aliquot nempè annos à fundatione societatum?

3. Denique fateor istum laborem futurum improbum, Herculeisque ipsis fermè comparabilem, saltèm initio fundationis societatum: sed non erit malum diuturnum, quià post viginti vel triginta annos ad summum, totum studium linguæ societatis ludus erit non labor, tunc enìm societas abundabit membris, quorum vernaculum & familiare idioma erit illud ipsummet idioma societatis, quibusvè omne aliud idioma erit peregrinum, incognitum, ridiculum; instruetur itaque tùnc facilè unusquisque in tali societate, & sine magnis molestiis ibi assequi poterit habitum firmissimum linguæ societatis, in eaque eloquens admodùm fieri.

Sed objiciet fortè de novo adhuc hominum malignitas dextera in mediis adinveniendis quibus consilia Dei turbet vel occludat, Durum esse homini ad libertatem supra reliqua omnia animantia nato, to, æternùm recludi ut præscribit hæc mea methodus; & ab ipsis infantiæ incunabulis, ad ultimam usque provectioris senectutis ætatem exiguis illis circumscribi cancellis, quos rei exigentia jussit me assignare unicuique societati glotticæ, nullâ exceptâ, adeòque non videri adhùc tutum iter ad scientiam linguarum illud quod calcandum propono.

Verùm est ista magis speciosa objectio quàm solida, etsi enim immensus sit revera libertatis amor homini cuilibet generoso innatus, non desunt tamen toto orbe homines, quos natura videatur destituisse sensu nobili libertatis, aut quos rei familiaris urgens necessitas, in eas redegit angustias, ut dolore suo interno dissimulato, jugum illud, alioqui intolerabile geniis benè natis, non recusent subire, etsi nonnunquàm illius durities talis sit, ut vix ac ne vix quidem ulla spes futuræ libertatis illis affulgeat. Reclusio autem illa quam impono meis cœnobitis longè lenior est quàm servitus, & eam velle tanquàm iniquam condemnare post
auditas

auditas meas hypotheses, stultitiæ aliquid est proximum: Quid enim quæso interest inter eum quem nativitatis vel fortunæ injuria palanti addixit servituti, & eum quem sors eadem iniqua, affixit certo loco, certæ familiæ, certæ societati, ut ibi serviat æternùm sine spe fortunæ melioris? nihil certè, si spem exceperimus, quâ sustentatur iste prior, alter verò destituitur, cujusque occasione illi liberum sit attendere occasionibus libertatis, huic vero denegatur omnis istiusmodi cogitatio: Atqui in designatis à me societatibus, nullus destituetur spe libertatis quandiù vivet, multique fient illâ compotes, etsi indulgentiâ superiorum illud accidere semper supponendum sit. Neque enim nego conditionem communem membrorum Societatum à me delineatarum esse servilem de facto, quoniam alii reverà servorum officia præstabunt, alii pecuniâ erunt comparati in mancipia, alii societati traditi sub conditione perpetuæ servitutis, & omnes sub jugo satis severo tenebuntur vivere intra ambitum

bitum sui clauſtri, cujus ſepta tranſgredi nulli prorsùs erit liberum.

Sed ſocietatum à me deſignatarum fœlicitas tanta eſſe ſupponitur, ut illa facilè abſorbeat omnes alias conſiderationes cœnobitarum, illorumque luctus, alioqui fortè juſtos, in totum abſtergeat; illa enìm eſt iſtiuſmodi, ut jubeat illos omnes contemplari lineas illas anguſtas, quibus circùm circà metata fuit illorum libertas, tanquam ultimos fœlicitatis humanæ terminos, extrà quorum ambitum quicquid vagatur, miſerum atque ſervile eſt de facto, quamvìs nobilioris libertatis ſpeciem præ ſe ferat. Imo ſi mihi eſſet animus juſtitiam ſervitutis illorum vindicare, non deeſſent fortè egregiæ rationes, quibus id aggredi poſſem: Quid enìm in gratiam optatæ libertatis proferent ſervi vernæ, quos parentum ſors infœlix addixit ſervituti antè ipſum nativitatis diem? ſecundùm regulam univerſalem juriſconſultorum, *Ventrem ſequitur partus*.

Quid item in gratiam deſideratæ à ſe

se libertatis proferet scortorum impura progenies, quæ patrem ignorat, matrem sæpè nescit, quamvè genitorum, criminis sui approbrium defugientium, barbaries plusquàm fera, aliorum commiserationibus & imperio supposuit & exposuit illicò post partum? Certè nisi vaga, protervaque talium parentum libido argumentum sit natis paternæ libertatis, non video quid possit maledicta hæc progenies in sui defensionem proferre, quibusvè argumentis captare queat judicum suorum benevolentiam.

Quid insuper adferent in gratiam suæ libertatis ii, qui miserrimis nati parentibus, societatis charitati commendati fuerunt ab ipsis uberibus, à genitoribus suis propriis, & ipso magistratu locorum, illique traditi fuerunt in possessionem perpetui peculii, cum consensu supremi Reip. moderatoris?

Sed in primis quid nobis objicient in gratiam suæ libertatis illi, qui omnibus vitæ deliciis in suo cœnobio fruuntur? qui mala & miserias publicæ societatis nesci-

nesciunt? qui supra reliquos Reip. cives vitâ fruuntur beatâ? Et quorum jugum in hoc duntaxat positum est, quòd boni publici causâ certæ addicti fuerint societati ab ipsis uberibus, ut in illa manerent constantes simul & foelices in perpetuum, folliciti duntaxat de iis quæ ad talis societatis bonum & gloriam faciunt? O foelicem libertatis privationem, quæ hominem tutum facit ab ærumnis & infortuniis, quibus tota terræ facies obruitur & inundatur! O beatam servitutem, quæ homines natos ad opprobria & miserias, liberos esse jubet & constituit! O fortunatam libertatis denegationem, quæ nihil subtrahit eorum quæ hominem verè faciunt liberum, & omnia suppeditat illa, quæ eundem liberant à veræ servitutis necessitate! O quàm rectè istis applicabitur vetus dictum, Perieram nisi periissem, Actum erat de me, si de me non fuisset Actum. Concludo itaq; nihil iniquitatis habêre hanc meam methodum, & justissimam esse seu servitutem, seu reclusionem illam membrorum societatis glotticæ,

ticæ, quam superiùs præscripsi, prout rei exigentia id à me postulavit, alumnorum à me assignatorum Societatibus fortuna permisit; literarum necessitas imperavit; Reipublicæ commune bonum efflagitavit; leges, sanctionesque politicæ Dei & hominum admiserunt; Et quam quisque qui totus adhùc non desipit haud dubiè approbabit.

Caput Tertium.

De Creatione Societatum Glotticarum consideratarum in Specie.

EXpositis isto modo mediis generalibus condendæ societatis alicujus Glotticæ, mihi jàm applicanda sunt ista ad societates illas particulares, quæ erigi possunt in gratiam alicujus linguæ particularis, seu viventis seu mortuæ. Ut autèm totam rem paucis expediam, sumam duntaxat in exemplum duas linguas, Arabicam nempè & Latinam, quas constituam typos

typos omnium aliarum, quia eadem prorsùs est observanda methodus in erectione societatum glotticarum circà alias linguas occupatarum, quæ hìc loci explicatur occasione duarum istarum. Quicquid enim notabo esse necessarium ad erectionem societatis Arabicæ, illud omne supponendum est, esse necessarium ad erectionem societatis cujuslibet glotticæ, cujus idioma est hodiè vernaculũ alicui populo; puta Francicæ, Hispanicæ, &c. Et quicquid notabo esse necessarium ad erectionem societatis Latinæ, illud omne supponendum dignum nostra observatione ad erectionem cujuslibet societatis Glotticæ, cujus idioma nulli genti est hodiè vernaculum, puta Græcæ, Hebrææ &c. Itaque, ut quicquid habeo dicendum de hac nova methodo, clarum fiat cuilibet, nihilque sit in quo non procedam à magis notis ad minùs nota, incipio a methodo erigendæ societatis Arabicæ, & desino in explicatione methodi observandæ ad erectionem societatis Latinæ, quia facilius est erigere Societatem Arabicam,
quàm

quàm Latinam, viventis scilicet idiomatis quàm mortui; illa quippe longè meliùs semper intelliguntur ab unoquoque, quæ sunt in usu communi posita apud aliquos homines, quàm ea, quæ extrà illorum usum sunt constituta.

Caput Quartum.

De Methodo erigendæ societatis Arabicæ in unaquaque Republica.

Lingua Arabica numerari potest hodiè inter linguas maximè communes totius orbis terrarum, siquidèm illa aut vernacula, aut saltèm familiaris est, omnibus illis gentibus quas spiritus vertiginis jubet venerari Mahumedem Arabum, cum suis fabulis & imposturis Alcoraniticis: hâcque de causa tenentur omnes politici Rectores populorum, quorum imperia connexionem habent aliquam cum imperiis Mahumedanis, singulagularem habere rationem hujus idiomatis, quod maximè idoneum est ad mutua colloquia cum talibus infidelibus: quod insuper est apprimè accommodum iis omnibus, qui mercaturam exercent in regionibus Mahumedanorum: Et quod denique rectè intellectum a viris litteratis, potentissimum erit in manu illorum instrumentum, ad confundendum errores crassos totius sectæ Mahumedo dicatæ. Quæ momenta, apertè explicant necessitatem impositam plerisque principibus Christianis, erigendi in domaniis suis, scholam aliquam illustrem Arabicam omnibus Reipublicæ civibus apertam, cujus ope illi omnes, quibus tale idioma necessarium est, in eo possint fæliciter instrui. Ut igitur Christiani populi moderatores, possint in posterum tales scholas aperire quisq; apud se, dabo hîc typum societatis Arabicæ, qui compendiosè simul & apertè explanabit legitimam methodum procedendi in tali negotio, ut sequitur.

Postquàm authoritate & munificentiâ Rectorum Reip. definitum fuerit prudenter

ter de loco idoneo conſtituendæ iſtiuſmodi focietati, ædificia ad id neceſſaria ibi loci conſtructa fuerint, cenſus liberalis focietati aſſignatus fuerit, & aliis iſtiuſmodi neceſſitatibus cautè proſpectum fuerit, tunc fic aggredienda res erit.

1. Primò, Accercendæ funt, ex Arabiæ illa parte ubi lingua Arabica cultior eſſe cenſetur, familiæ aliquot integræ Arabum naturalium, quorum operâ, tenera Chriſtianorum juventus, ad tale cœnobium relegata, & curis horum advenarum commiſſa, peregrinumque illorum idioma edocta, atque ad legitimos ejus accentus curioſè formata, non minùs quàm ad familiarem illius uſum, intra breve fpacium temporis, merebitur nomen Arabicæ familiæ, in qua poſt aliquot annorum decurſum, poterit quilibet noſtrates, familiarem linguæ Arabicæ uſum æquè fœliciter aſſequi, atque in ipſius Arabiæ nobilioribus civitatibus.

2. Cùm primum iſtæ familiæ Arabum advenerint, recludentur diligenter intrà

parietes Cœnobii illis assignati, cavebiturque in posterum, ne misceant se cum nostris Europæis, septi sui limites egrediantur, aut linguæ nostræ vernaculæ se addicant; ut hoc pacto remaneat semper hæc societas pura Arabica, & consequentèr verè apta ad fines à nobis intentos.

3. Societati isti adjungendus erit aliquis Europæus, qui linguam Arabicam calleat & vice interpretis fungatur, quoties illis imponetur necessitas aliqua conferendi cum Europæis linguam Arabicam nescientibus.

4. Factâ partitione illorum secundùm regulam datam superiùs cap. 1. art. 9. assignabitur singulis pensum suum, & alii vacabunt institutioni puerulorum, alii instructioni eorum qui provectioris erunt ætatis, alii solliciti erunt de rebus illis quæ ad œconomiã societatis pertinebunt, alii tandèm fungentur suis servilibus ministeriis, prout illis injunctum fuerit à superioribus; atque sic tota societas nobis erit usui, & finibus nostris respondebit egregiè.

5. Qui-

5. Quibus ità constitutis, jàm cogitandum erit de mediis conservandæ talis societatis, quæ non alia sunt omninò, quàm ea quæ superiùs exponebam Cap. 2. Sed si ea rectè observentur, exurget haud dubiè ante annum trigesimum à societatis fundatione, nobilis, nova, rara, & utilis valde societas Arabica, ex Europæis tota conflata, quæ Reipublicæ erit multis modis honorifica & proficua, si semper conservetur in esse suo, per illa eadem media, per quæ creata fuerit, & quæ superiùs fusè satis exposita fuerunt; ita ut post elapsum istum terminum, imò longè breviorem, Arabibus naturalibus facilè carêre possit ista societas, ad suique perpetuam conservationem Europæo-Arabes illi abundè sufficiant.

Sed dicet aliquis, sufficiet mittere juvenes Christianos in Arabiam, ut ibi discant idioma istud, atq; reduces forment tale genus societatis quod proponitur.

Resp. 1. Periculum esse nè tales juvenes secum cum lingua Arabica deferant ex Arabia, religionē vel mores Arabum, quod sedulò vitandum. 2. Si

2. Si isti pueri septennium attigerint antequàm in Arabiam mittantur, nunquàm secum reportabunt puram putam pronunciationem Arabicam (id quod tamèn nos in primis quærimus) sed illam admiscebunt patriæ suæ pronunciationi, adde quod reduces in patriam, vix ac nè vix quidèm astringi volent istis legibus, ut nullâ aliâ linguâ utantur inter se quàm Arabica.

3. Si isti pueruli essent bimuli aut triennales duntaxat antequam relegarentur ad Arabes, res haud dubiè posset fœliciter succedere; sed tamen multò satiùs esse duco, si id fiat eo modo quem proposui, quia pueri nostri Arabo-Europæi simul imbuentur cognitione linguæ Arabicæ, quam illos docebunt Arabes naturales, & moribus, atq; pietate Christiana, operâ Christianorum Arabicam linguam callentium & in hunc ipsum finem societati Arabicæ admixtorum, quod non facilè assequeremur si duntaxat mitterentur in Arabiam, ut ibi loci imbuerentur idiomate Arabico.

Caput

Caput Quintum.

De Methodo erigendæ Societatis Latinæ in unaquaque Republica.

Lingua Latina, etsi apud Romanos hodiè prorsùs extincta, gaudet tamèn hoc singulari privilegio, suprà reliquas Europæ antiquæ linguas, imò suprà reliquas omnes, quarum conditio est eadem cum Latina, ut hodiè mortuæ jaceant, extraque familiarem hominum usum positæ sint; quòd per universam fermè Europam studiosè culta, commune sit instrumentum communicationis omnium Christianorum Occidentalium, in cognititione bonarum litterarum educatorum; quo fit etiàm præftereà, ut in summa sit veneratione apud illos omnes; imò ut omnes Rerump. Christianarum directores, liberales valdè sint, ergà scholas publicas, in quibus istud idioma in primis colitur; Itaque ut tandèm aliquandò facilis

cilis, compendiosa, & amœna sit via illius addiscendæ, explanabo hîc methodum novam, quam spero futuram omnibus in universum gratam & acceptam, typum nempè societatis Latinæ, ad imitationem societatis Arabicæ superiùs delineatæ. Methodus autèm illius erigendæ, talis esse debebit, meo quidèm judicio.

1. Primò, Quærendi erunt sedulò viri nonnulli idonei ad societatem Latinam constituendam, vel saltèm inchoandam, qui si fieri possit, istam linguam calleant optimè, in ea sint valdè exercitati, illamque in primis castigatè pronuncient, ne turpi, fœdâ, impuráve enunciatione suâ, Latino barbaram societatem, potiùs, quàm Latinam constituant.

2. Secundò, Illi comparati & in corpus collecti, debent omnes sacramento astringi coram magistratu, ibique jurare se servaturos inter se mutuò, pacem & amicitiam singularem, societatemque se non deserturos antè decennium, quo toto

to durante vivent subditi & obedientes legibus societatis, sibi à magistratu ipso significatis, & scripto traditis, ad majorem memoriæ confirmationem reique reverentiam.

3. Tertiò, post datum tale sacramentum, recludentur in cœnobio sibi assignato, intrà cujus parietes, nullâ aliâ inter se mutuò utentur linguâ quàm Latinâ, sub pœna gravis mulctæ, & extrà cujus ambitum, nulli illorum liberum erit pedem figere, sine licentia superiorum suorum.

4. Quartò, His capitibus societatis adjungo ministros numero sufficienti, quos mihi undequaque comparo Latinè scientes, quod numerato liberali salario facilè exequor; si tamen consilium hoc non succedat ex voto, quærendi erunt Africani, qui nullum idioma Europeum calleant, quò sint magis idonei ad discendum linguam Latinam, & meliùs compositi ad officia servilia, & tales, ut illorum sermones mutui, societatem non turbent, juventutemque in ea degentem non

non alliciant, sicut fortè facerent voces Europææ.

5. Quintò, Unicuique horum Latinorum & Africanorum, liberum erit uxorem ducere, eamque secum recludere intrà claustri sui septa; eâ tamen lege, ut in publicum comparêre illis non liceat, antequàm Latinè sciant, quia ibi loci nulli debet esse liberum aliâ uti linguâ quàm Latinâ: item hæc illis imponetur lex, ut omnes qui ab illis orientur nati, cujuslibet illi sint sexûs, Latinè discant duntaxat.

6. Sextò, Divisione factâ istorum fundatorum societatis Latinæ, secundùm legem latam cap. 1. art. 9. assignabitur unicuique illorum proprium suum pensum, cui vacabunt diligenter, & curiosè valdè, quod ut fiat meliùs, politici magistratûs hæ erunt partes, ut sæpiùs invisat talem societatem, inquirat de uniuscujusque in illa degentis diligentia, in defungendo officio suo, ignavos corrigat, sedulos incitet, & turbantes societatis pacem reprimat.

7. Septimò,

7. Septimò, Quibus omnibus peractis, cogitandum erit de mediis conservationis talis societatis, secundùm methodum traditam cap. 2. quæ si ritè & curiosè observetur, exurget illicò plena, perfecta, veréque nobilis societas Latina, toti Reipublicæ in qua illa erecta fuerit, imò toti orbi Christiano utilissima, quam rerum mutabiles vicissitudines, nunquam destruere valebunt.

Atque hæc est paucis vera, legitima, prudens, politica, simplex, naturalis, jucunda, facilis veréque divina methodus docendi, addiscendivè linguam Latinam, & illius exemplo linguam quam libet veterem, extrà usum familiarem nationum hodiè positam; cui duntaxat adjungi debet schola methodica Linguarum, cujus descriptionē reperiet Lector, in Directorio meo politico Academiæ methodicæ, cujus hæc schola linguarum portam aperit. Judicet jàm quilibet horum mediorum auditor vel Lector, de pondere & veritate & prudentia & necessitate, totius hujusce mei novæ methodi, omniumque hypothe-

hypotheseon quibus illa innititur, atque videat quàm sit facilè cuilibet principi in sua Republ. tale genus societatis erigere, suisque populis multis modis gravatis, per veteres methodos scholarum, opem ferre salutarem: hæc nempè, quæ quamvis in se puerilia & ut videtur contemptibilia atque facilia valdè, *sunt* maximi tamèn esse momenti agnoscentur illicò, si semel admittantur; siquidèm per illa jubentur exulare æternùm è Republica qualibet, impertinentes damnabilesque omnes illæ methodi docendi linguas, quibus juventutis tortores, & crumenarum expilatores, *✗ Despauteriani in primis a Dadaliani* utuntur coactè (si non saltèm stolidè vel vafrè, quo suæ satisfaciant avaritiæ) in suis scholis, collegiis, Academiis publicis, magno sapientûm omnium scandalo, bonarum litterarum cum insigni opprobrio, & politicorum directorum totius orbis Christiani non sine turpi vituperio; quòd probè cognoscentes quanta sit iniquitas methodorum vulgarium, non tantùm eas non extirpant è societate, sicut fert illorum officium, sed illas etiàm crudeli indulgendulgentiâ tolerant ubique locorum, maximo cum populorum suorum damno, & insigni cum Reipublicæ suæ detrimento: imò quod vix credile est de viris tantâ sapientiâ politicâ præditis, easdem authoritate suâ fovent infoeliciter, & liberalitate suâ plusquàm prodigâ sustinent, juvant, adjuvant, corroborant, radicant, & in dies evehunt in sublimiùs, tanta est humanæ cœcitatis impotentia, ut larvam sæpè pro vultu sumat!

His ità peractis, institutum meum lectorisq; curiositas postularet, ut me illicò accingerem ad delineationem scholæ methodicæ superiùs designatæ, atque inde per partes singula illa percurrerem, quæ initio hujusce opusculi notabam esse examinanda, in Directorio Universali scholæ verè Reformatæ: Verùm quia illa mihi visa sunt inutilia, antequàm senatûs alicujus supremâ autoritate decreta fuerit erectio societatum glotticarum suprà delineatarum, judicavi satiùs esse calamum hîc sistere, & quæ habebam circà hæc exarata, penès me asservare, donec illi me me ad majora follicitent, quorum maximè res hîc agitur. Velit intereà precor omnipotens, summéque mifericors, atque gratiofus Deus, Principum, Magiftratuumque Chriftianorum aures perforare, cordaque potenti fuâ efficaciâ movêre, ut quid illis hîc fignificetur audiant; oculorumque aciem in illud rectâ dignentur dirigere, quod eorum contemplationi in hoc Directorio objicitur; atq; ea omnia quæ libellus hic meus proponit, rectè & maturè (ut folent fingula) fic apud fe librare velint, ut Ecclefiæ fimul & Reipublicæ utilis effe queam hâc meâ methodo, ficut apud me conftitui, & ab eorum gratiofa, generofaque benevolentia expecto: faxit omnis boni doni author, omnifque gratiæ largitor benignus Deus, qui Unus Trinus eft, ut ita fit: atq; ejus fupremo nomini fit laus in æternum, totufque circum circà reboet orbis, Amen.

Directorii Linguarum Clausula.

AD vos itaque jàm se convertet oratio mea, ô Monarchæ potentissimi, Principes celcissimi, Satrapæ nobilissimi, Consules sapientissimi, Senatores venerandissimi, Magistratus piissimi, quibus publici cura demandata fuit ab Altissimo, quos Deus omnipotens, mundi summus præses & director, constituit boni publici inspectores, quos litterarum fautores beatissimos, scholarum patronos munificentissimos, bonorum studiorum promotores & protectores illustrissimos esse voluit divinæ providentiæ decretum, & quorum hoc nomine summoperè interest, ut omnia disponantur politicè valdè & prudenter, in toto districtu vestrarum provinciarum.

Ad vos inquam omnes & singulos, jàm se dirigit oratio mea, atque pro ea quæ me movet publici potiùs quàm mei ipsius cura, vos omnes & singulos, omni cum reve-

reverentia deprecor, ut vestris Majestatibus, Beatitudinibus, Celcitudinibus, lubeat politicis hiscè meis conceptibus aures præbêre benignas, societatumque à me delineatarum consilium justâ lance perpendere, utilitatem ab earum erectione ad vestros populos manantem expendere accuratè, necessitatem illarum erigendarum in vestris imperiis intueri diligenter, gloriam denique quam vestris nominibus comparabunt tam laudabilia instituta, animo recolere sedulò: Et illis omnibus rite perspectis atque libratis, placeat unicuique vestrûm prospicere communi bono Reip. sibi à Deo commissæ, serióque apud se cogitare, de scholis illis methodicis erigendis, quarum typós aliqua jàm ex parte explicat breve hoc Directorium studii Linguarum.

Res est, fateor, nova quam propono, & toti adhuc inusitata orbi, ut ipse agnosco & glorior, sed ex adverso illa simplex est & difficultatibus vacua: Artis illa minùs, quàm Naturæ leges sequitur: Hominis particularis sapientiæ illa
minùs

minùs, quàm gentium totius universi usibus est accomodata: politicis quamvis abundet circumstantiis, sapientiam carnis tamen illa minùs, quàm spiritûs æterni potentiam redolet, ut qui eam respuerit, is mea minùs consilia, quàm summi rerum omnium Rectoris ordinationem sapientem (quam scrupulosè ubique premo) despexerit, & in nomen meum minùs, quam in gloriam, bonumque commune reipubl. ad cujus fœlicitatem publicam collimant hæc unicè, durus erit & injurius. Ex quo enim rerum omnium supremus director Deus, justâ accensus irâ in superbos Babelis conditores, hominum linguas divisit, earumq; distinctione multiplici, innumeras ex unica prodire jussit hominum societates; legibus, moribus, sedibus, sicut idiomatibus inter se distinctas, ab eo tempore non desinit ejusdem admirabilis providentia, variam multiplicemque istam societatum humanarum distinctionem fovere, linguarum in terris regnantium multiplici differentiâ, & hanc eandem idiomatum humanæ societatis varieta-

varietatem, communi hominum commercio adeò adversam, multiplici distinctione societatum politicarum, sedibus a se invicèm separatarum tueri reciprocè: ut coecos nos esse oporteat, si non agnoscamus, societatum superiùs designatarum propositionem, consilium esse merè divinum, illiusque medii operâ, posse unamquamque remp. in ambitu suarum ditionum, contrahere foeliciter omnia varia illa idiomata, quæ per orbem universum dispersit admirabiliter sapientissima Dei providentia; Et hoc pacto iterùm, multiplicitate civium, differentibus linguis vernaculis utentium, in diversis suis societatibus, totius orbis admirabile compendium representare dexterè, in proprio suo imperio particulari: quæ res haud dubiè cederet ad maximam populorum talia imperia incolentium foelicitatem, ad gloriam incomparabilem Directorum talis reipublicæ, & ad singulare emolumentum totius regionis in qua tales societates glotticæ erectæ conspicerentur. Seu enim rationem habeatis, Ô Celcissimi principes,

idio-

idiomatum vernaculorum cujusque gentis particularis hodiè regnantis, seu oculos reflectatis in linguas illas antiquas, quæ singulari modo coluntur à viris litteratis quamvìs mortuæ, quarumvè casum amare deflent omnes illi qui studiis nobilioribus se implicant; semper reperietis causas multas quæ vos jubebunt idem pronunciare de legitima docendi linguas methodo, atque ego superius definivi in hoccè Directorio studii linguarum, cujus fundamenta libens relinquo vestræ sapientiæ examinanda.

Etenìm ut à linguis viventibus dicendi exordium faciam, vix quidquam est in toto universo, quod homini in quolibet fortunæ gradu constituto sit magìs utile, aut magìs necessarium, aut magìs honorificum, multiplici scientiâ linguarum, illarum inprimis quæ vulgares sunt hodiè in societate publica. Politicis nempè viris, iisque omnibus qui negotiis publicis se immiscent, regibus, principibus, satrapis, legatis, iis qui sunt à secretis & ab epistolis istorum, & aliis numero permultis,

tis, illæ sunt adeò necessariæ, adeò utiles, adeò honorificæ, ut his sine, vel omnia illis succedant infœliciter, vel non nisi cum magnis difficultatibus votorum suorum fiant compotes; prætereà, illis destitutus mercator, spem fortunæ cogitur deponere, quia ad commercia cum exteris gentibus colenda, undè semper major lucri spes affulget, prorsùs est inidoneus, linguarum ignorantiâ. Insuper, illis qui caret viator, orbem pererrat stolidè, regiones mundi invisit sine fructu, populos apud quos degit non audet frequentare, quia nihil nisi sonos significatione vacuos auribus excipit, & linguâ quamvìs potens apud suos, eâ tamen apud exteros planè destituitur. Illis si destituantur copiarum militarium præfecti, inepti fiunt ad bella cum gentibus exteris gerenda, & si in manus hostis linguâ à se diversâ utentis talis miles inciderit, aliorum ludibrium fiet illicò, soliùs loquelæ defectûs causâ: Contrà verò

Illis ornati viri docti, inter litteratos gloriam singularem reportant, bajulis ipsis fis alioqui futuri inferiores, quoties miscendi sunt sermones cum viris à sua lingua diversis. Prætereà

Illis adjuti artifices, viliorisque fortunæ homines, quos res angusta premit domi, vitæ suæ nullibi metuunt, & de patrii soli ingratitudine parùm solliciti, ubiq; locorum natale solum reperiunt, quia fortunæ suæ possunt fœliciter prospicere apud omnes illos populos quorum idiomata rectè callent.

Denique ut verbo me expediam, illis semper benè erit, qui linguarum viventium multiplici usu gaudebunt, iis contrà omnia vulgò molesta sunt, qui illarum scientiâ destituuntur, quoties in homines vel authores incidunt quorum idioma ignorant.

Illarum igitur desiderio sicut omnes tenentur flagrare, sic studii hujus methodicâ directione vix quidquam vobis debet esse charius, ô sapientes rerumpublicarum Rectores; Glotticarum quare mearum societatum consilium spero vobis futurum commendabile valdè, postquàm videritis illarum institutione declinari prudenter

denter omnia illa incommoda, quæ vulgò solent concomitari omnes alias docendi vel discendi linguas usitatas methodos; obtineri contra fœliciter illa omnia quorum maximè studiosi esse debent linguarum cultores curiosi; Et tandèm linguarum scientiam futuram posthàc apud vos communem, facilem, nobilem & jucundam, novis hiscè meis inventis.

Verùm si quæ sint argumenta quæ vos movêre debeant, ô prudentissimi rerump. Directores, ut de erectione talium societatum glotticarum in vestris rebus publ. cogitare dignemini, in gratiam eorum qui inter subditos vestros cupient colere linguas viventes; Certè multò plura & majora occurrunt, quæ vos inducere debent, ut de earundem erectione cogitetis in gratiam linguarum extinctarum, quas mutabilis rerum humanarum conditio, extrà usum communem societatis publicæ relegavit, quales sunt in primis nobiliores istæ, Latina, Græca & Hebræa quæ à viris doctis tanti passim fiunt.

Emor-

Emortuæ enim istæ linguæ quarum casum luget merito totus orbis litteratus, eodem secum monumento recludunt totam simul antiquitatem, & quicquid prisca viderunt secula nobilius, imò ipsummet purum putum genium regnantis quondam ætatis, quam ille nunquàm probè noverit, qui linguas istas non calluerit antiquas, & quam contra is foelicissimè cognoscet, cui talia antiqua idiomata fuerint valdè familiaria. Prætereà

Illæ sunt radicales & originales linguæ plerorumque idiomatum hodiernorum, à quibus tanquàm communes matres venerantur humiliter, quæ nobilis illarum prærogativa, singularem gradum gloriæ illis conciliat inter reliquas omnes linguas, efficitque ut appetantur à sapientibus, honorentur ab indoctis, & colantur ab omnibus melioris litteraturæ amatoribus: quamvìs enim ea sit decurrentis hujusce seculi foelicitas, ut ubiq; locorum politioris litteraturæ viri, civitate suâ donaverint præstantissimos quosque scriptores antiquos, seu Hebræos, seu Græ-

Græcos, seu Latinos, seu alios; tamèn fatendum est ingenuè sapientum animos nunquàm reperturos in quo acquiescant securè donec ipsos fontes delibaverint, authorumque placita ex genio linguæ illis propriæ, fœliciter expiscati fuerint; undè etiàm vetus illud dictum, Linguæ sunt communia scientiarum vehicula, quia reverà illarum ope descendimus in abstrusissima antiquæ sapientiæ mysteria, & accipimus à veteribus philosophis, poëtis, oratoribus, historicis, jurisconsultis, politicis, medicis, mathematicis, quicquid habuerunt luminum antiqua secula, quod satis evidenter patet ex solius linguæ Latinæ privilegio, (ut reliquas jam missas faciam) quam totius fermè Europæ mos receptus, commune constituit instrumentum communicationis omnium Christianorum occidentalium, & quam item vulgaris Academiarum Europæarum methodus, clavem januamque omnium disciplinarum nobilium, esse voluit; illa enim sine, scholarum receptus docendi mos, jubet unumquemque exulare æternùm à scientiæ

entiæ conterminiis; illa sine, nulli prorsus liberum est; gradus academicos in scholis publicis consequi; illa sine denique carêrent sæpè societate homines qui eidem non assueverunt vernaculæ, quivè nullum aliud norunt commune idioma, cujus ope mutua possint miscere sermonis commercia. Prætereà

Linguarum antiquarum studium eo quo solet administrari modo in scholis publicis, reservatur in solos usus masculorum, idque puerorum vel adolescentium duntaxat, ad exclusionem foeminei sexûs, eorumque qui ad ætatem virilem vel grandiorem pervenerunt: quasi istâ methodo significarent publici ludimagistri, linguarum studium, puerile duntaxat esse exercitium, viris ætate maturâ gaudentibus indignum, & quod tamen sequioris sexûs vires supergrediatur, vel saltèm illius dignitatem excedat: Cum de facto ipsi scientiarum magistri, licet jàm barbâ cani, gloriam in tali mustaceo quærant: cùm item foemineo sexui tale studium non minùs foeliciter, imò aliquando foelicius

cius succedat quàm masculino, si illis assignentur idonei magistri, sicut patet exemplis plurimarum doctissimarum matronarum, & heroinarum, quarum fama volat per orbem, laudesque multa cum gloria passim celebrantur, propter insignem linguarum scientiam quâ præditæ olim fuerunt, vel hodiè adhuc præditæ esse intelliguntur.

Tandèm nulli non notum est, summam esse iniquitatem methodorum vulgò usitatarum, quæ singulos studiosos linguarum antiquarum eò adigunt, ut multam pecuniarum vim eos dilapidare oporteat, antequàm vel leviter tingi possint cognitione linguæ Latinæ; aut annorum multitudine liberari queant à crudeli ferula ludimagistrorum, barbaris suis cruciatibus vexantium continuò tenella juvenum corpora, donec tandèm plerosque cogant (bellis istis suis methodis) etiàm invitos, dilectissimis valedicere suis studiis, antequàm scientiæ fores vel è longinquo salutaverint: tanta est docentium linguas, publica dementia!

Quæ

Quæ omnia debent esse vobis, O supremi Rerump. Christianarum moderatores, argumenta potentissima, ut serio cogitetis de salute vestrorum populorum, & rebuspublicis, vestris curis commissis dignemini consulere maturè, per illa media, quæ tanquam ad id apprimè idonea, prudentiis vestris offero, societatum nempè glotticarum politicam erectionem in domaniis vestris: siquidèm illarum ea est singularis prærogativa, ut tàm sapiens institutio sistere queat illicò impetum malorum, alioqui manantium ab iniquitate methodorum hùc usque unicè receptarum in scholis trivialibus circà linguas occupatis.

Per has enim, jam patebit aditus cuilibet ad linguarum omnium cognitionem, & omni sexui, ætati, hominum generi, jam liberum fiet ex æquo, vacare fœliciter in vestris rebuspublicis, studio cujuslibet linguæ, seu viventis, seu mortuæ, silentibusque scholarum communium monarchis,, per novas docendi discendique vias, ad summum cognitionis, sapientiæq;

ciùs succedat quàm masculino, si illis assignentur idonei magistri, sicut patet exemplis plurimarum doctissimarum matronarum, & heroinarum, quarum fama volat per orbem, laudesque multa cum gloria passim celebrantur, propter insignem linguarum scientiam quâ præditæ olim fuerunt, vel hodiè adhuc præditæ esse intelliguntur.

Tandèm nulli non notum est, summam esse iniquitatem methodorum vulgò, usitatarum, quæ singulos studiosos linguarum antiquarum eò adigunt, ut multam pecuniarum vim eos dilapidare oporteat, antequam vel leviter tingi possint cognitione linguæ Latinæ; aut annorum multitudine liberari queant à crudeli ferula ludimagistrorum, barbaris suis cruciatibus vexantium continuò tenella juvenum corpora, donec tandem plerosque cogant (bellis istis suis methodis) etiàm invitos, dilectissimis valedicere suis studiis, antequam scientiæ fores vel è longinquo salutaverint: tanta est docentium linguas, publica dementia!

Quæ

Quæ omnia debent esse vobis, O supremi Rerump. Christianarum moderatores, argumenta potentissima, ut serio cogitetis de salute vestrorum populorum, & rebuspublicis, vestris curis commissis dignemini consulere mature, per illa media, quæ tanquam ad id apprimè idonea, prudentiis vestris offero, societatum nempè glotticarum politicam erectionem in domaniis vestris: siquidèm illarum ea est singularis prærogativa, ut tàm sapiens institutio sistere queat illico impetum malorum, alioqui manantium ab iniquitate methodorum hùc usque unicè receptarum in scholis trivialibus circà linguas occupatis.

Per has enim, jam patebit aditus cuilibet ad linguarum omnium cognitionem, & omni sexui, ætati, hominum generi, jam liberum fiet ex æquo, vacare fœliciter in vestris rebuspublicis, studio cujuslibet linguæ, seu viventis, seu mortuæ, ▉▉▉entibusque scholarum communium monarchis,, per novas docendi discendique vias, ad summum cognitionis, sapientiæq;

entiæq; humanæ culmen gloriosè ascendere.

Per has adhùc, linguarum studium tot modis ante hàc intricatum, jam fiet merus ludus, pura recreatio infantulorum, juvenûm atque senûm, & qui alioqui idiomatis Latini non consequebantur intelligentiam, sine multis vigiliis, improbisque laboribus, novis nùnc artibus evehentur ad plenissimam, perfectissimamque cognitionem plurium simul nobilissimarum linguarum, Latinæ nempè Græcæ & Hebreæ, &c. antè tempus olim assignatum inchoandis melioribus studiis juventutis.

Per has, tormenta pœnæque graves scholarum, nulli studentium non metuendæ, jàm exulabunt totaliter è scholis, & mutabuntur fœliciter in ludos perpetuos, methodi meæ dulcedine.

Per has, studiorum sumptus singulis familiis huc usque tàm onerosi, ingeniisque bonis fortunæ iniquitate oppressis tàm noxii, jam fient adeò leves, ut mediocris fortunæ homines, de iis
queri

queri nequeant ulteriùs, fine infigni injuſtitia.

Per has, infantia antehàc neglecta, tanquàm ad ſtudia minimè apta, jàm fiet ſtudii linguarum antiquiſſimarum & difficillimarum capax ſimul & curioſa.

Per has, pueritia hodiè in nugis occupata, nihil perdens de ſuis ludicris recreationibus, jàm lauream reportabit totius ſtudii linguarum.

Per has, adoleſcentia, in tricis grammaticalibus, ſibi ut plurimùm barbaris, hodiè intricata miſerè, per methodos docendi receptas, jam deſeret iſta puerilia ſtudiorum ſuorum adminicula, aut ſaltèm in iis non ſe ampliùs occupabit ſine judicio & ratione ſingulari.

Uno verbo tanta eſt fœlicitas inſtitutionis ſocietatum glotticarum à me ſuperiùs deſcriptarum, ut audeam dicere illarum ope nobis licitum fore frui liberè illis omnibus quæ ad ſtudii linguarum rationem pertinent, & longam iſtam ſeriem, denſam iſtam catervam malorum, quibus

quibus duriter affliguntur ubique locorum omnes linguarum studiosi, exulaturam tandem necessario è scholis vestris, Principes potentissimi; averruncatum iri tandem fœliciter à Christianis vestris domaniis, commutatumque iri adhuc fœlicius, prudentiâ hâc vestrâ politicâ, consultissimi rerumpublicarum Moderatores, in materiam communem lætitiæ, undè totius reipublicæ litterariæ salus, populi fœlicitas, vestri nominis gloria, emerget diversimodè.

Non sum equidem nescius varia à variis hîc objici posse contra meos conatus, nempe me plura hîc polliceri quàm deceat virum sapientem, quia fœlix ista suscitatio linguarum antè multa secula extinctarum, cujus spem facio, est opus nobile quod superat potentiam industriæ humanæ, & cujus aggressio pugnat è diametro cum recta ratione.

Verùm, ô judices sapientissimi, quamvis de facto extinctæ sint linguæ istæ nobiles

biles antiquorum, Hebræa, Chaldaica, Græca, Latina & his similes; si tamen res attentius consideretur, fatebimini facilè mecum, illas veriùs dici debêre sopitas, quam mortuas; quia monumenta veterum, quibus illæ consignatæ fuerunt (libri nempe) sunt adeò numerosa, adeò nobilia, adeò illustria, adeò frequentia per totum orbem terrarum, & adeò bene culta ab omnibus melioris litteraturæ viris, ut illorum ope æternum vivere illæ dici possint: Si igitur illarum suscitationem mundo intonare audeo, non est quod quis mea verba miretur, aut me ideò fide indignum reputet: Non enìm illæ periêre totaliter; non in totum extinctæ sunt; non funditùs computruerunt; quamvìs a multis retro antè lapsis seculis obrutæ jaceant; nec hominum immani barbarie sic fuere crudeliter discerptæ & dilaniatæ, ut simul jungi nequeant denuò & in corpus vivum coalescere gloriosè iterùm: Istorum certè nihil illis accidit, sanæ nempe & integræ adhùc fermè sunt totæ, & illarum

exa-

exanime cadaver ad vitam revocare denuò, non tàm est divinæ potentiæ miraculum, quàm simplicis prudentiæ humanæ argumentum, sicut etiàm patet illustribus exemplis eorum, quibus nonnullæ tales linguæ factæ sunt olìm, & adhùc nuperrimè, familiares & vernaculæ ab ipsis uberibus, in Galliis & alibi locorum solâ industriâ tutorum, atque parentum in id vigilantium diligentiâ : Testes nempè erunt Judæi plerique, qui quotidiè assuescunt ubique locorum linguæ Hebraicæ, eam sibi familiarem faciunt, propriâque patriâ notiorem à teneris unguiculis, solâ diligentiâ parentum vel præceptorum suorum adjuti: Testis erit adhùc mihi Henricus Stephanus, illustris memoriæ vir, qui curis doctissimi sui parentis, evasit in perfectissimum Græcum, antequàm posset intelligere patriam suam linguam Gallicam: Testis erit etiàm mihi Michael de Montagne, magni nominis vir, qui de se ipso in suis operibus testatur, se scivisse Latinè optimè, antequàm Gallicè tria verba nosset;

nosset; multos alios possem in eundem finem producere testes, quos Galliæ sæpiùs produxerunt, vel hodiè etiam ostentant, & de quibus aliæ gentes pariter possunt cum justa ratione gloriari, sed hæc pauca exempla sufficient, ni fallor, sapientibus, ut nôrint justitiam hypotheseon mearum & facilitatem methodi illius, quam in hoc Directorio proposui, siquidèm nihil olìm factum est quod adhùc fieri nequeat, imò quod non fieri queat fœliciùs & faciliùs quàm olim factum est, si quis applicet omnes animi sui nervos ad istiusmodi operis productionem.

Vestrum itaque, vestrum est, ô potentes, sapientesq; reipublicæ Christianæ Rectores, prospicere quid sit officii vestri in præsenti casu, quid populi à vestris curis expectent, quid Ecclesia à vestra pietate postulet, quid urgentes & indies crescentes rei litterariæ necessitates à vestris muneribus flagitent, quid reipublicæ momenta à vestris dignitatibus exigant, quid nominis vestri decus postulet, quid vestræ ipsorū conscientiæ jubeant vos exequi,

qui. Atque illud pro data vobis facultate, pro nata vobis occasione, pro ingenito vobis nobili desiderio pluribus benefaciendi, effectum dare foeliciter; ut testatam faciatis omnes, bonam vestram mentem in publicum, ingentemque illam sollicitudinem explicetis, quæ vos semper occupatos habet, circà ea quæ ad reipublicæ totius utilitatem concurrunt efficaciter, qualis est institutio societatum Glotticarum à me in hoc Directorio delineatarum, quarum erectio verè digna est nobili illo loco, in quo vos divina providentia collocavit; quarum fundatio & consilium apprimè convenit cum eminentissimo illo gradu sapientiæ politicæ quo superinduti fuistis ab alto; quarum denique procuratio modis omnibus concordat cum ardente illo zelo boni publici, quo vos decet æternùm ardere, ô Lumina, Solesque Reipublicæ Christianæ: Non enim vos movêre debent criticorum importunorum voces, quæ quisquiliis grammaticis annumerant consilia illa nova, quæ in gratiam nutantis rei litterariæ

hîc

hîc profero in medium. Fateor equidem illa posse judicari parùm sana à viris minùs peritis, sed si accuratiùs pensitata fuerint, longè aliud nomen merebuntur apud benignos rerum æstimatores: Neque enim linguarum studia hîc tracto, eo quo solent modo grammatici, sed ut politicum virum convenit ea explico: Neque scholæ methodicæ typum ex regulis scholarcharum designo, sed ex melioris politices fundamentis illum extrahere satago, quantum saltèm id natura rei postulabit & permittet: Neque vanæ cujusdam imaginationis conceptus sequor, sed naturæ ipsius processum imitor, & gentium omnium usibus me accommodo: Neque levia quædam bona scholæ alicui duntaxat profutura propono, sed ea generaliter meditor, quæ omnibus esse possunt utilia, & quæ temporum vicissitudo potiùs firmabit quàm destruet: Neque tandèm in magnis hisce cœptis alterius vestigia lego, (Quamvìs enim *Eilhardus Lubinus Rostockiensis*, tale genus methodi, longo antè me tempore laudaverit, Cœnobiiq;

Latini erectionem commendaverit principi suo, Philippo, Duci Stetinentium, &c. in illa Epistola quam ad illum scribebat anno 1614. ut genuinam docendæ linguæ Latinæ rationem ei explicaret; Aliud tamen genus coenobii indicavit, quod prorsùs diversum est à meis inventis, cujusque simplex designatio, qualis ab illo fit, tot gravibus premitur incommodis, ut ejus possibilitatem maluerit nobis innuere, quam completam ejusdem delineationem aggredi) sed primus omnium viam tero, ac publico non tam significo, quam delineo & explico per partes, facilem, atque compendiosam hanc methodum studiorum puerilium bene dirigendorum, quam ut populis omnibus utilem, audeo politicis omnibus ad clavum reip. sedentibus commendare, & benevolentiæ illorum objicere. tanquàm unicè dignam inter omnes methodos studii linguarum directrices, quæ illorum gratiâ & protectione singulari gaudeat: Non igitur mihi metuam à dente venenato, aut de favore vestro desperabo, Judices æquissi-
mi,

mi, Principes excelciſſimi, quia malè feriatæ mentes id optarent, ſed potius erigar in ſpem foelicis exitûs, ſocietateſque meas, authoritate veſtrâ, brevi ſtabilitum iri in veſtris provinciis, mihi perſuadebo: Nullus enim dubito quin prudentiæ veſtræ conſiderent, quomodò conſilia omnia mea in bonum reipub. tendant directè, & ab ejus præcipuis momentis nullatenùs poſſint divelli, meis autèm debilibus conatibus vinci ſe nunquàm patientur Celciſſimæ veſtræ dignitates ſat ſcio, neque reperietur facilè quiſquam inter vos omnes, qui ſine gravi animi ſenſu ferat, vel audiat, rempublicam litterariam politicis meis conſiliolis plus debêre, quàm ſupremis veſtris potentiis rerump. dominis, aut eminentiſſimis veſtris ſapientiis, omnis boni publici procuratricibus & diſpenſatricibus nobilibus. In hac ſpe igitur totus requieſcens ſecurus, orationem meam ad Deum ſupplex dirigo, in veſtri omnium gratiam, ſupremum illius numen rogaturus, ut vos omnes ſuperinduat robore ſapientiſſimi ſui Spiritûs, quò ejus ducti

lumi-

luminibus, veras sapientiæ vias in omnibus semper sequamini, omniaque vobis hoc pacto succedant fœliciter, ut sic populi vestri materiam perpetuam exultationis reperiant in publicis vestris administrationibus. Faxit Deus omnipotens, summè misericors, ut ita sit, & vos, & me, vestris addictissimum dignitatibus, gratiâ suâ singulari æternùm adjuvet in Christo Jesu. Amen.

FINIS.

Direct. Scho.

Notabit benevolus Lector

Quòd cùm damnabiles vel impertinentes dixi Methodos vulgò in Scholis admissas, illud neutiquam intellectum volui de qualibet docendi linguas Methodo publicè usitata: Multò minùs verò de qualibet parte talium methodorum: Sicut æquus mentis meæ interpres vel ex eo facilè conjiciet, Quòd artem dico naturæ adaptandam sedulò, ut studia linguarum succedant ex voto: Quòd-ve in hunc ipsum finem erigi volo Scholam Glotticam in unaquaque Societatem à me delineatam Et earum alumnos ibi curiosè imbui à teneris unguiculis cognitione omnium illarum rerum quæ apprimè conducunt ad meliorem comparationem artis Sermocinatricis, ut hoc pacto illis nihil desit eoru quæ possunt concurrere ad plenam, perfectamque intelligentiam idiomatis suæ Societati alioqui familiaris: Quod consilium nequit haud dubiè habere locum, si mihi sit animus omnes antehac usitatas methodos rescindere ex toto, et funditùs extirpare: Quanquam sanè is meo nomini haud quaquam injurius erit qui ex dictis meis colliget mihi in mente esse vulgares methodos in meliores formam contrahere, quò possint illæ tandem aliquà publico esse magis proficuæ, et pueritiæ inprimis magis acceptæ quàm huc usque visæ sunt.

Non igitur absolutè sum loquutus cùm istis ac similibus loquendi modis usus sum in hoc libello,

Sed Comparatè duntaxat & oppositione factâ ad
naturalem hanc methodum quam præsens hæc
admonitio publicè commendat; Et quam ad praxin
reducere facilè potest qui-vis Summus rerum
Arbiter in suo imperio, sine magnis illis difficultatibus
quas sibi fortè fingent plerique nimis subtiliter:
eas quas spero prudentes populorum Moderatores
agnoscent illico non tanti esse ponderis quanti-
primâ fronte videbantur: sicut id ad digitum
emonstrare arduum valdè non puto, quamvis ea
e re prorsus siluerim in hoc Directorio, non
sine causâ.

Lightning Source UK Ltd.
Milton Keynes UK
UKOW07f1015230315

248327UK00012B/340/P